KRACK!

KRICK!

BOING!

KNACK!

Für Augustin.
T. B.

© Éditions Milan, 2019, Frankreich
Titel der Originalausgabe: *Nino Dino, Peur de rien !*
ISBN der Originalausgabe: 978-2-7459-9621-3
Text: MIM
Illustrationen: Thierry Bedouet
© 2024 der deutschen Ausgabe:
Ullmann Medien GmbH, Rolandsecker Weg 30, 53619 Rheinbreitbach
Übersetzung aus dem Französischen: Nadine Püschel
Lektorat: Nadine Mutz
Covergestaltung: Beate Lennartz
Gesamtherstellung: Ullmann Medien GmbH, Rheinbreitbach

10 9 8 7 6 5 4 3 2 1
ISBN 978-3-7415-2738-8

www.ullmannmedien.com

MIM

THIERRY BEDOUET

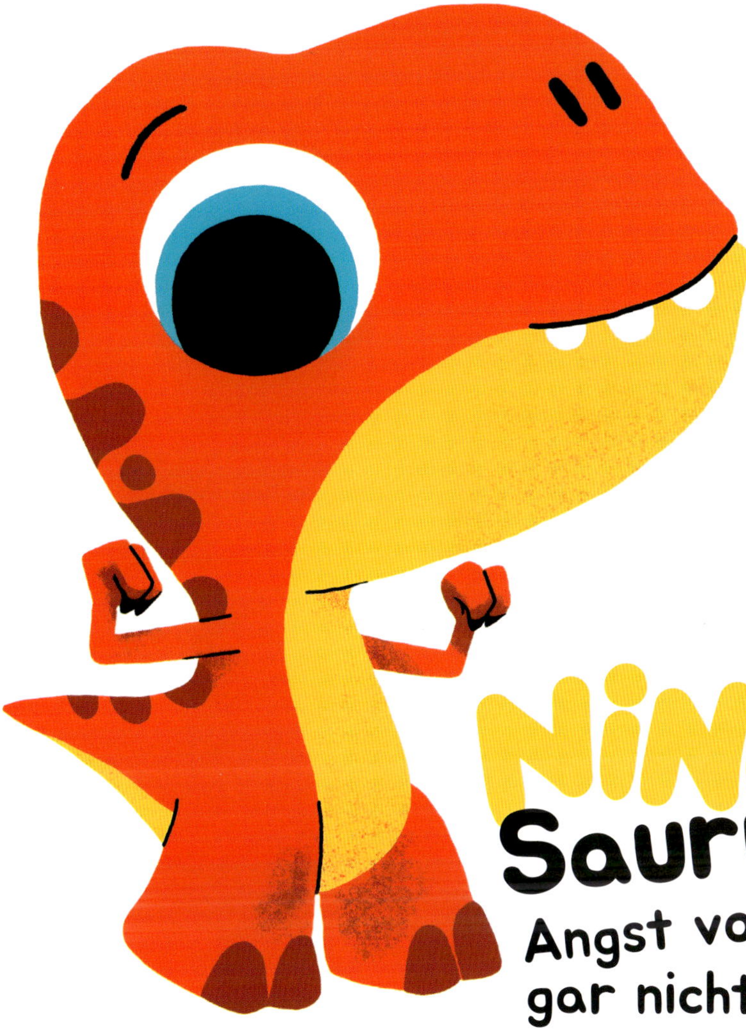

NINO
Saurus
Angst vor
gar nichts!

Er pirscht durch den Wald,
er fletscht die Zähne …
Lässt drohend die Muskeln spielen …
Er ist riesengroß, er ist superstark …
Auch kleine Dinos können furchteinflößend sein.
Besonders Nino, der Tyrannosaurus!

UUUAAAAHHH!

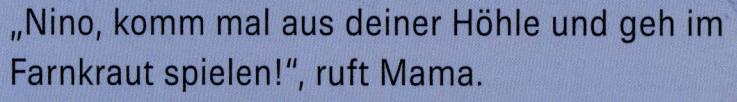

„Nino, komm mal aus deiner Höhle und geh im
Farnkraut spielen!", ruft Mama.
„Pah, im Farnkraut spielen doch nur Babys!",
knurrt Nino Saurus. „Ich gehe in den
Mammutwald!"
„Ganz allein? Bekommst du dort keine Angst,
mein kleiner Tyranno?", fragt Mama besorgt.
„Angst? Ich doch nicht! Ich hab nie Angst!"
„Fast nie …", lächelt Mama.
„Sei trotzdem vorsichtig!", mahnt Papa.
„Aber ich bin immer sehr stark", gibt Nino
Saurus zurück.
„Fast immer …", lächelt Papa.

Na, ist doch wahr!
Nino Saurus ist längst kein frisch geschlüpftes
Baby mehr!

Erstens kann er auf einer Pfote hüpfen –
und zwar so!

Zweitens kann er mit dem Schwanz Blätter
von den Bäumen klopfen. Achtung …

Noch mal? Bereit? Und zack!

Und hast du Nino Saurus schon mal brüllen hören?
Ein schreckliches, ohrenbetäubendes Gebrüll,
das die Velociraptoren erzittern lässt.

UUUAAAHHH!
ICH BIN NINO, DER TYRANNOSAURUS!
ICH BIN SUPERSTARK!

„Na, na, kleine Echse!", knurrt Herr Fossil, der Triceratops.
„Unsereiner möchte in Ruhe dösen …"

Ah, da sind Max, der Parasaurolophus,
und Alfred, der Pachycephalosaurus,
Nino Saurus' beste Freunde.
„Wollen wir im Wald ‚Dino in der Mitte' spielen?",
fragt Nino Saurus.

Alfred kann nicht: Sein Papa wird ihm gleich
eine neue Geschichte vorlesen.
Max kann auch nicht: All seine Cousins kommen
zum Essen.

Pech für sie, dann schaut sich Nino Saurus eben allein
im Mammutwald um!

Aber im Wald knackt und knirscht es so unheimlich ...
Was raschelt und rumst dort hinter dem Gebüsch?
Nino Saurus schleicht auf Pfotenspitzen hin.

Puh, das ist nur Raptor Clea,
das Dino-Mädchen!

„Nino Saurus, ich kriege diese Nuss
einfach nicht auf! Hilfst du mir?"

Aua, die ist hart wie Feuerstein!

An der beißt man sich ja fast
die Zähne aus!

Jetzt aber! Ein Tyrannosaurus bekommt
jede Nuss auf!

Bravo, die Schale ist entzwei! Vor Nino Saurus
und seinen großen Zähnen ist nichts sicher!

Nino Saurus stapft weiter.
So tief im Wald ist es ziemlich dunkel …
Aber ein Tyrannosaurus hat keine Angst im Dunkeln,
niemals! Oder nur ein bisschen …

Auf einmal ertönt ein Schrei:

Ein Dinosaurier in Not?
Nichts wie hin!

Herkules, der Diplodocus, hat ein Problem,
ein ziemlich großes Problem sogar!
„Kannst du mir helfen? Beim Abrupfen der Blätter
habe ich mich in den Lianen verheddert."
Neben Herkules kommt sich Nino Saurus gar nicht
mehr so groß vor. Eigentlich ist er … winzig. Wie
soll er das anstellen?
Nino Saurus hat eine Idee …

Hau-ruck! Man braucht viel Kraft, um einen so
langen Hals hinaufzuklettern! Das geht weit hinauf!
Nino Saurus zittern die Pfoten. Herkules macht ihm Mut:
„Schau nicht nach unten. Du schaffst das!"

Der kleine Tyrannosaurus beißt
die verhedderten Lianen durch.

Hurra, Herkules ist befreit! Vor Nino Saurus und seinen
dicken Muckis ist nichts sicher! Und zum Schluss wartet
die Diplo-Rutsche!

Nino Saurus ist superstolz, dass er Clea und
Herkules geholfen hat! Dank seiner großen Zähne
und dicken Muskeln hat er das ganz allein geschafft.
Steckt irgendwo ein Stegosaurus in Schwierigkeiten
oder ein Raptor in der Klemme? Keine Sorge,
Nino Saurus hilft allen! Ein Tyrannosaurus kennt
keine Angst!

Wie groß der Mammutwald ist! Nino Saurus ist so lange
herumgelaufen, dass er nichts wiedererkennt …

Aber … wo geht es nach Hause? Hier lang?
War dieser Krater vorhin schon da?

Geht es beim Iguanodon-Nest nach rechts
oder nach links?

Clea? Herkules? Mama? Ist da jemand?
Keine Dinosaurier-Schuppe weit und breit.

Nino Saurus kommt sich ganz klein und
verlassen vor … Er hat sich verirrt und würde
am liebsten weinen.
Was soll er bloß machen, wenn es Nacht wird?

Plötzlich taucht hinter einer Biegung
ein Schatten auf ...
Eine riesige Gestalt erhebt sich vor ihm!

Schnell unter dem Palmwedel verstecken!
Klack-klack-klack klappern Nino Saurus' Zähne …
Tock-tock-tock klopft sein Schwanz auf den Boden …
Der Schatten kommt näher. Jetzt ist er über ihm!
Da ertönt eine Stimme.
Eine Stimme, die Nino Saurus gut kennt,
stark und sanft zugleich:
„Da bist du ja, mein kleiner Tyranno!"

„Ich wollte dich zum Abendessen holen."
Oh ja – Nino Saurus hat vor Hunger ein
dinosauriergroßes Loch im Bauch!
„Kannst du mich tragen, Mama?"
„Zur Höhle ist es nicht weit. Aber wenn du
müde bist, steig ruhig auf!"
Ja, Nino Saurus mag keinen Schritt mehr
laufen. Und außerdem …

… hat er auf Mamas Schultern
vor gar nichts Angst!

UUUAAAHHH!

PUH!

KNIRSCH!

TSCHACK!